AF138823

Das Licht in Euch

Friedensbotschaften von Wildtieren
an die Menschen

„Die Tiefe der Menschenseele

birgt unergründliche Kräfte,

weil Gott selbst in ihr wohnt."

Franz von Assisi

Dagmar Lanscha

Das Licht in Euch

Friedensbotschaften von Wildtieren
an die Menschen

Bibliografische Information der Deutschen Nationalbibliothek:
Die Deutsche Nationalbibliothek verzeichnet diese
Publikation in der Deutschen Nationalbibliografie;
detaillierte bibliografische Daten sind im Internet
über http://dnb.dnb.de abrufbar.

Umschlagbild: Shutterstock
Bilder: Shutterstock, Pixabay

Herstellung und Verlag: BoD –   Books on Demand,
Norderstedt

ISBN: 978-3-7392-0593-9

Inhalt

Einleitung

Dieses Buch ist ein Geschenk der Tiere an uns Menschen. Sie werden sehen, wie ergreifend und tiefgreifend die Botschaften sind und was sie bewirken, wenn man sie sich zu Herzen nimmt und in das eigene Leben integriert. Nur dann entfalten Sie ihre volle Wirkung.

Ich wünsche Ihnen, dass Sie viel Heilsames durch diese Botschaften für sich erfahren.

Von Herzen alles Liebe,
Dagmar Lanscha

Einleitung
von den Tieren

Das Licht in Euch vermag es
zu leuchten,
Euer Leben in Schwung zu bringen,
Liebe zu leben,
Wahrhaftigkeit zu leben.

Diese Botschaften kommen von uns zu Euch, auf das Ihr Frieden erfahrt, in Eurem Leben.

Den „Draht" zum Frieden habt Ihr schon lange verloren, das wisst Ihr ja selbst.

Nun denn, Ihr könnt Euch wieder andocken an den Frieden in Euch, an das Licht in Euch, um all die Verheißungen zu leben, die anfangs erwähnt wurden.

Es klingt schier unglaublich für Euren Verstand, dass dies überhaupt möglich ist, wo ihn doch scheinbar niemand lebt, diesen Frieden. Aber der Schein trügt.

Viele Menschen haben bereits wieder ihren Frieden im Leben/mit sich selbst gefunden, nur stießen sie im Außen auf viele Menschen/Umstände, die sie zurückschrecken ließen – erst einmal ☺. Aber da an allen Ecken und Enden der Welt viele Menschen an den Frieden, an die Liebe, an die Wahrhaftigkeit in ihrem Leben geglaubt haben, können nun viele Menschen in dieses neue Bewusstseinsfeld eintreten, um Wahrhaftigkeit zu erlangen.

Wir leiten Euch hier an, wie Ihr dorthin zurückfinden könnt.

In Liebe, *die Tiere*

Botschaften der Tiere an die Menschen

Findet wieder zurück zu Euren Wurzeln,

zu dem,

was Euch wahrhaftig ausmacht,

was Euch zu eigen ist,

Eure Talente, Eure Begabung,

Euer Potenzial,

zu Eurem eigentlichen Wesen,

das Ihr in Wahrheit seid.

Ein göttliches Wesen,

in einem menschlichen Körper inkarniert.

Das ist wohl der einzige Unterschied

zu uns Tieren.

Ihr in einem Menschenkörper,

wir in einem Tierkörper.

Mehr unterscheidet uns nicht.

Unser Wesenskern ist der gleiche.

Also im Innersten sind wir gleich.

Wir Tiere aus dem gesamten Tierreich möchten etwas sagen in Bezug auf das Weltengeschehen, das von den Menschen beherrscht wird – im Negativen. Deshalb müssen wir uns auch melden, sonst wäre das ja gar nicht nötig.

So wie die Tiere, die nahe bei Euch leben (Haustiere), bereits ihre Botschaften übermittelt haben in dem Buch „Botschaften des Friedens – von den Tieren dieser Welt", so wollen nun auch wir sprechen.

Dabei geht es uns gar nicht so sehr um Botschaften, die uns betreffen, sondern um Botschaften, die Euch wachrütteln sollen, Euch erinnern sollen, dass wir alle Eins sind – ein Lebewesen, ein Organismus, bestehend aus vielen einzelnen Organen im Gefüge Gottes, die hier auf diesem Planeten wirken.

Jeder er-FÜLLT seine Rolle, das tut Ihr

nicht. Sehr wenige er-füllen ihre Rollen, füllen ihren Platz vollends aus, nehmen IHREN Platz ein, der ihnen vom LEBEN zugedacht ist. Die Wenigsten kümmert das. Sie meinen, sie kommen schon *so* gut zurecht, aber das Leben wird sie immer wieder eines Besseren belehren, bis sie aufwachen und umdenken/"um-handeln".

Das ist nun nötig, eine Umkehr in Eurem Denken, in Eurem Handeln. Es ist destruktiv – äußerst destruktiv. Das müsst Ihr nun doch bald selber merken ...

Es tut Euch nicht gut, EUER Leben. Es „geht gegen Euch" – so scheint es.

In Wahrheit geht es nicht gegen Euch, sondern es „weist Euch hin", auf den richtigen/den rechten Weg – EUREN Weg - den jeder Einzelne für sich gehen muss, damit das Gefüge Gottes hier auf Erden nicht so aus den Fugen gerät, weil einige nach den

Regeln des Verstandes regieren/handeln, der hier auf der Erde, im Leben der Menschen, die Überhand hat.

Und genau das ist das Schlagwort: „Überhand". Ein Überdrüber, ein Zuviel – einfach aus dem Gleichgewicht – eben ein Zuviel.
Wir geben Euch hier das, was wir geben können, was wir zu geben haben – LIEBE. Wie sie Euch gebührt. Wie sie uns gebührt, wie sie allem Leben gebührt. Denn Liebe ist das Gewebe des Lebens – das eigentliche. Aber es ist verdeckt, verschmutzt – dieses Lebensgewebe - darum kann man das eigentliche Lebensgewebe – LIEBE – kaum mehr erkennen.

Besinnt Euch wieder auf Euer eigentliches Lebens-gewebe - die Liebe. Dann wird Euer Leben dahingehend verlaufen.

Es beginnt für Euch schön zu werden, das Leben. So wie es eigentlich für Euch vorgesehen ist. Mord und Totschlag sind nicht vorgesehen. Dennoch passiert es – den Lebensregeln zuwider verläuft das Leben, den göttlichen Regeln zuwider. Egal welcher weltlicher Religion ihr angehört.

Ihr müsst dem Leben bekunden, wenn Ihr umkehren wollt, es wird Euch helfen, es wird Euch leiten, dahingehend, wo Ihr hingehört. Es wird Euch Euren Platz zuweisen, an dem Ihr Euch dann richtig wohl fühlt.

Ein Tipp von uns: Ihr müsst Euch mit Eurem menschlichen Verstand auseinandersetzen, mit seinen Tücken, die dieses „Zuviel-im-Verstand-Sein"/im Kopf sein, hier auf der Erde angerichtet hat. Erkennt ihn als was er ist, dann könnt Ihr darüber hinausgehen.

Das Leben, das für Euch vorgesehen ist, ist nicht schwierig, kompliziert. Es ist „ein-fach", läuft nicht zwei-gleisig; es ist in der Ein-heit. Es ist ein-fach. Im Ein-klang sein, das passt hier auch noch gut hin. Es ist einfach. Es ist.

Danke.

Botschaft
einer Wespe

„Bauplan Gottes"

Etwas „Klassisches" habe ich Dir nicht mit-zuteilen – erwarte nichts „Wespisches" von mir. Reduziere mich nicht „nur" auf eine Wespe – meinen, für Dich, rein äußerlich sichtbaren Körper. Sondern verbinde Dich mit meinem Wesenskern, der Deinem gleich ist. So kannst Du Dich mit mir un-terhalten – natürlich auch über „Wespisches" (wenn Du so möchtest). Aber hier, heute, für dieses Buch, möchte ich Euch nichts „Wespisches" mitteilen. Es geht mir nicht um mich/um meine Spezies, es geht mir um Euch, liebe Menschen.

Ihr seid so weg von der Natur, von Eurer Natur, von Eurem Wesenskern, dass es uns Tiere schmerzt, da mit Euch durchgehen zu müssen. Wir sind ja alle ein Teil dieses Gefüge Gottes, dieses Organismus', den ihr „Leben" nennt hier auf diesem Planeten. Jeder dreht am großen Rad mit, mit Allem was er ist und tut. Ihr Menschen seid aber so weit weg von „Euch", von dem, wer Ihr wahrlich seid, deshalb wirkt sich das auch auf das gesamte Gefüge der Menschheit, der Tierwelt - der Fauna - und der Pflanzenwelt - der Flora - aus.

Wir alle spüren, wenn einer „verkehrt herum" läuft und nicht in die „richtige", in die rechte Richtung, die ihm von „Natur aus" so vorgegeben ist - sprich dem göttlichen „Plan" entspricht. Dem Bauplan, der in Dir ist. Mit diesem Bauplan kannst Du Dich verbinden, Du musst es nur wollen und Gott, das Leben, offenbart ihn Dir. So einfach ist das.

So bekommst Du immer und immer mehr eine Ahnung, wer Du eigentlich wirklich bist, wofür Du hier auf diese Erde gekommen bist. Du bist ja ständig mit dem Großen Ganzen verbunden, nur weißt Du oftmals nichts davon bzw. kannst es Dir nicht vorstellen, spürst es nicht. Jetzt sag' ich Dir aber, wie es geht, zu diesem göttlichen Bauplan zurückzufinden, diesen Plan zu finden: Er wird Dir gezeigt, wenn Du das möchtest. Du musst es dem Leben bloß kundtun. Es dem Leben mitteilen. Dann sorgt das Leben dafür, dass Du ihn erkennen kannst. Es ist so.

Ich wünsche Dir viel Freude beim Entdecken Deines Bauplans, im wahrsten Sinne des Wortes, dort findest Du alles, was Du zu einem glücklichen und erfüllten Leben brauchst. Ich wünsche es Dir so sehr, dass Dir dies gelingen möge.

Namasté, in höchster Wertschätzung für Euch. Wir lieben Euch.

Botschaft
eines Laubfrosches

„Die Welt ist aus den Fugen geraten„

Danke, dass ich sprechen darf. Das ist nicht selbstverständlich. Danke.

Was ich zu sagen habe, mag Euch nicht gefallen, und doch hilft es Euch, wenn Ihr genau hinhört, hin fühlt, zu dem, was ich sage.

Die Welt ist aus den Fugen geraten. Wer

bist Du denn geliebtes Wesen, WER BIST DU?

Wenn Du weißt, wer DU bist, dann weißt Du, wer ich bin, wer wir Tiere sind, wer die Pflanzen sind, was die Mineralien sind, was alle Wesenheiten hier in diesem ganzen Universum sind.

Alle entstammen derselben Quelle, ALLE. Ihr Menschen könnt für Eure Verhältnisse sehr vieles auf dieser Welt verändern, wie es Euch beliebt. Das Fatale ist nur: Ihr tut das ohne die Mitwirkung Eures Herzens, Eurer Herzensstimme, die Euch fortwährend durchs Leben führt, wenn Ihr sie wieder vernehmt.
Dort, in Eurem Herzen, ist der Sitz Eures Wesens, Eures wahren Wesens, das Ihr in Wahrheit seid.

Wenn Ihr Euch wieder rückverbindet mit diesem Wesen, das Ihr seid, erkennt Ihr auch Alle und Alles rund um Euch als das, was es ist, was es IN WAHRHEIT IST.

Ein bekannter Philosoph in Eurer Menschenwelt hat dies so ausgedrückt: „Man sieht nur mit dem Herzen gut, das WESENtliche ist für die Augen unsichtbar". Das ist der Kern. Er hat es treffend formuliert – er spricht die Wahrheit. Das kannst Du aber nur erkennen, wenn Du es für Dich wählst, es umsetzt – das Leben aus Deinem Herzen, aus deiner Wesens-energie heraus, die Dich in Wahrheit ausmacht.

Du bist ein göttliches Wesen, bist hier auf diesem Planeten in einem menschlichen Körper inkarniert. Was ist Dein Plan, Dein Auftrag hier? Den wirklichen und wahrhaften Auftrag erfährst Du „nur", wenn Du

Dich auf Dein Wesen, auf Deine Wesens-
energie besinnst, Dein „Wer Du Bist".

Botschaft
eines Krokodils

„Das Licht in Euch"

Das habt Ihr vergessen, das Licht in Euch. Es ist in jedem lebenden Wesen verankert – im feinstofflichen Teil Eures Körpers. Ihr seht es nicht mit Eurem physischen Auge aber es ist da, in jedem von Euch – in jedem von uns – in allem Leben.

Das ist nun etwas, dass Euer physisch geprägtes Weltbild erschüttert, durchdringt.

Es geht weit darüber hinaus. Da gelangt Ihr aber mit Eurem Denken nicht hin. Das ist eine Erfahrung, die noch nicht viele hier auf diesem Planeten – ich spreche von den Menschen – gemacht haben. Viele schon, aber auf die Äonen dieser Welt aufgerechnet, noch nicht viele Menschen. Das erwacht gerade wieder in den Menschen, dieses Bewusst-Sein – Gott sei Dank.

Es hat bis jetzt in Euch geschlummert, war immer da – jetzt ist die Zeit, da darf es erblühen, dieses Wissen um die Dinge, um das Leben - was es IN WAHRHEIT ist.

Dieses Licht in Euch, es ist da, ob Ihr es beachtet oder nicht, aber Eure Seelen möchten aufwärtsstreben, möchten sich erhöhen von Ihrer Energie-Schwingung her, ob Euer Verstand dies nun möchte oder nicht. Es passiert. Eure Seelen, Euer

WER IHR SEID, lässt sich darin nicht be-hindern. Ihr tut gut daran, und Ihr habt es leichter, wenn Ihr mit dem Strom des Le-bens, also mit dieser Bewegung, die Eure Seelen nun anstreben, mitgeht (freiwillig), sonst wird es für Euch – in Euren mensch-lich/verstandesgeprägten Maßstäben - sehr leidvoll werden.

Dieses Leid könnt Ihr Euch ersparen, wenn Ihr den Versuch unternehmt, es einfach mal zu glauben, dass dieses Licht in Euch IST – im wahrsten Sinne des Wortes.

Es beginnt immer heller zu leuchten, wenn Ihr Eure Aufmerksamkeit darauf richtet. Es lichtet sich so vieles in Eurem Leben. Das Dunkel – das Leidvolle in Eurem Leben - wird von dem Licht in Euch immer weiter zurückgedrängt/verdrängt. Mit jedem Stück, mit dem das Licht an Platz in Eurem

Leben einnimmt, kommt das Paradies auf die Erde. So ist es für Euch, für uns alle vorgesehen. Dies geschieht so durch jeden Menschen, wenn er diese Wahrheit be-herz-igt.

Ihr merkt die Auswirkung, wenn Ihr Euch dem Licht in Euch zuwendet, unmittelbar in Eurem Leben. Dazu gehört aber der erste Schritt, und den kann nur jeder von Euch selbst gehen – die Entscheidung zu einem „lichten" Leben.

Botschaft
eines Hermelins

„Die Zeit ist jetzt"

Liebe Menschen, mit Eurem vielen Denken über Vergangenes und Zukünftiges, vergesst Ihr ganz das, was gerade vor Euren Augen ist, zu sehen. Ihr könnt Euer Leben nur JETZT verändern, nicht das, was war, könnt Ihr verändern, aber das was kommt – die Resonanz die Ihr erzeugen möchtet für Zukünftiges – das könnt Ihr verändern, aber nur im JETZT. Versteht Ihr?

Da rattern die Räder ☺. Das ist schön.

Denkt ein bisschen weiter hinaus über Euren Tellerrand.

Es ist schön, dass wir sprechen dürfen, wir haben Euch so vieles zu sagen.

Jede Tiergattung, die ja MIT SICH IST, kann Euch diese Weisheiten übermitteln. Die Tiergattungen, die rund um Euch leben, sie können Euch diese Weisheiten vermitteln – würden sie auch tun, wenn Ihr sie hören könntet.

Eure Ohren, mit denen Ihr diese Stimmen vernehmen könntet, sind verstopft mit dem Schmutz dieser Welt, der menschengemachten Welt.

Ihr habt diese Ohren, die diese Stimmen vernehmen könnten, aber Ihr wisst gar nicht, wo sie sich befinden, wie Ihr Zugang zu ihnen findet. Es sind nicht Eure physischen Ohren, oh nein, es sind Eure inneren Ohren. Wisst Ihr, wie schön es für uns ist, wenn uns jemand „hört", auf diese Art und Weise? Es befreit uns ungemein.

Wir lieben Euch, weil Ihr ein Teil von uns seid. Ihr habt EUCH nur vergessen. Die Zeit ist schon seit Langem eine, in der Ihr EUCH vergesst … und doch ist die ganze Zeit alles in Euch gewesen, auch diese Ohren, mit denen Ihr uns hören könnt.

Ihr könnt uns wieder hören, wenn Ihr Euch reinigt von dem weltlichen, dem menschengemachten Schmutz, der Eure inneren, Eure feinen/feineren Sinne benebelt.

Bald ist die Sicht wieder klar, wenn Ihr das möchtet. Und das ist der ent-scheidende Punkt: WENN IHR DAS MÖCHTET. Es liegt an Euch, das zu wollen – uns vernehmen zu wollen. Die Weisheit des Lebens vernehmen zu wollen. Dieses Wissen kommt aus Eurem Innersten zu Euch – wenn Ihr das wollt. Ihr findet uns aber nicht im Gestern oder Vorgestern oder auch nicht im Morgen oder Übermorgen sondern genau HEUTE und hier - überall auf diesem Planeten.

Wir sind hier, die ganze Zeit, aber mit Eurem vielen Denken, das sich im Gestern oder im Morgen verliert, seht Ihr uns nicht, seht Ihr das Leben nicht, das um Euch ist. Das muss aufhören, sonst hört Ihr uns nicht, sonst hört Ihr die Weisheiten des Lebens nicht, die überall auf Euch warten - in jedem Tier, in jedem Stein, in jeder Blume, in jedem Baum, in Euren Kindern, in Euren Mitmenschen, in Euch … Ich bin traurig.

Botschaft
einer Schildkröte

„Fataler Irrtum"

In freier Wildbahn leben wir nicht so dicht bei Euch Menschen. Wir meiden Euch, Eure Spezies, weil Ihr meist nichts „Gutes" mit uns vorhabt. Es fehlt bei vielen der Respekt unserer Kreatur gegenüber – sie nehmen uns aus, sie plündern unsere Eier, sie „verwerten" uns, so, wie sie es „brauchen". Keiner fragt uns. Die Menschen nehmen nur. Sie meinen, ihnen gehört alles. Was für ein fataler Irrtum.

Irgendwann einmal – zu einer Zeit, als Ihr noch weiter-ent-wickelt ward als jetzt - haben Menschen sich mit den Tieren verbunden, auf eine Art und Weise, die Euch heute nicht mehr vertraut ist. Ihr könnt von uns nehmen, wenn es zum höchsten Wohle für alle Beteiligten ist, aber doch sonst nicht! Wie weit seid Ihr abgedriftet von Euren Wurzeln, Euren wahr-haften Wurzeln?

Das könnt Ihr daran ermessen, wie sehr Ihr Euch mit dem Rest der Schöpfung verbunden fühlt.

Dieser globale Wahnsinn, von dem Ihr

Menschen befallen seid, kann erst dann aufhören, wenn Ihr Euch wieder mit der gesamten Schöpfung verbindet, Euch eins damit fühlt.

Botschaft
einer Gazelle

"Menschliches Ego"

Die Gier und die Macht, machen auch nicht vor unseren Lebensräumen halt. Sie reichen weit hinein in die „Wildnis", die oft längst keine mehr ist. Alles ist kontrolliert von den Menschen – jedes Fleckchen Erde. Dabei erkennen die Menschen nicht, dass sie nicht kontrollieren können. Höhere Mächte lenken in Wahrheit alles. Verbindet Euch mit ihnen Ihr Menschen, damit Ihr wieder interagieren könnt mit ihnen, mit diesen hohen Mächten, die nur das Beste für alle Geschöpfe dieses Planeten möchten.

Ihr könnt weiterhin kontrollieren, meinen, dass Ihr alles unter Kontrolle habt, aber wie oft liegt Ihr abends in Euren Betten und könnt nicht schlafen vor Angst, weil Ihr genau wisst, dass Ihr NICHTS kontrollieren könnt.

Ihr wisst um diese Mächte, die Euch haushoch überlegen sind, aber Euer menschliches Ego reizt es bis zum Geht-nicht-mehr aus. Es will gewinnen, um jeden Preis, will die Kontrolle über Euch behalten.

Ihr könnt da fast nicht aus, außer Ihr steigt aus aus dem Spiel, indem Ihr es entlarvt.

Macht Euch vertraut mit diesem, von Menschen geschaffenem Tyrann. Ihr werdet sehen, dann läuft alles wieder leichter, geordneter, geebneter, zuverlässiger, fröhlicher, liebevoller, herzlicher, ... einfach so, wie es sein sollte, aus höherer Sicht.

Botschaft
einer Amsel

„Friedens-Orte"

Liebe Menschen, schafft Friedens-Orte in Eurer Heimat, da wo Ihr seid. Schafft Orte, an denen man sich wohlfühlt, wie „daheim" fühlt, geborgen fühlt ihm Herzen.

Lebt an solchen Orten, er-schafft solche Orte, erbaut solche Orte, …

Erfühlt, wo sie gebaut werden möchten, wo sie entstehen möchten. Verbindet Euch mit dieser Energie der Friedens-Orte in Eurem Herzen. Erfühlt, wo sie entstehen möchten und wie. So könnt Ihr sicher sein, dass es für alle Beteiligten passt – für den Ort, an dem sie entstehen möchten, für die Tiere und Pflanzen, die dort leben und im weitesten Sinne auch für die Menschen, die dort leben.

Oft sind sich die Menschen ihrer wahren Bedürfnisse gar nicht bewusst, deshalb wissen sie oft nichts von ihrem Glück, das in ihnen schlummert ☺ und in allen anderen Menschen rund um sie. Oft reagieren Menschen, die noch nichts „von ihrem Glück" wissen, mit Abwehrhaltung - das soll Euch nicht stören, wenn Ihr es für Euch in Eurem Herzen als richtig empfindet.

Wenn Ihr mit Eurem Herzen fühlt und dann entsprechend handelt, dann könnt Ihr niemanden verletzen. Auch wenn Menschen das vielleicht nicht verstehen, dann nur, weil sie nicht mit ihrem Herzen verbunden sind. Denn dann wüssten sie, dass man nicht alles verstehen muss, was der Andere macht, aber man kann zumindest fühlen, dass er es aus einer Herzensmotivation heraus tut. Alles andere ist dann nicht wichtig.

Friedensgemeinschaften können nur so entstehen – aus „mit dem Herzen fühlenden Menschen". Dann fallen jegliche Angriffe weg, jegliche Vorwürfe, jegliche Streitigkeiten. Jeder weiß, wo sein Platz ist, wenn er mit sich selbst - in seinem Herzen - verbunden ist. Und da erkennt er auch die Ein-heit aller Dinge/allen Lebens und kann erkennen/erfühlen, warum der

Andere dies oder jenes tut - wie gesagt auch, wenn er es nicht versteht.

Dieser Drang, alles ver-stehen zu müssen, mit dem menschlichen Verstand, fällt dann auch weg.

Welch eine Erleichterung mag sich der Eine oder Andere jetzt vielleicht denken, oder diese Erleichterung sogar fühlen ☺.

Botschaft
eines Regenwurms

„Ein sinn-volles Leben"

Ihr Menschen habt keine Ahnung, welche Arbeit wir hier verrichten. Ihr „wisst" das, was Ihr an der „Oberfläche" seht, aber Ihr „kennt" uns nicht wirklich/erkennt uns nicht wirklich.

Wir sind Regenwürmer, ja, Ihr habt uns auch einen lateinischen Namen gegeben, Ihr Wissenschafter unter den Menschen.

Ihr klassifiziert uns in Gruppen - die einen tun dies, die anderen tun das ... Das stimmt, das ist das, was Ihr beobachtet, aber da gibt es noch viel mehr.

Vieles könnt Ihr Euch nicht erklären, vieles bleibt Euch ein Rätsel – generell in der Natur. Für Euren Verstand ist vieles ein Rätsel, für Euer Herz ist alles klar. Es ist ja mit uns verbunden. Nur Ihr seid nicht in Eurem Herzen, Ihr seid in Eurem Verstand beheimatet – Eure ganze Energie, Eure ganze Identität ist eins mit Eurem Verstand. Darum diese vielen Rätsel, aber nicht nur in unserem Bereich, im gesamten Naturreich.

Es gäbe diese vielen Rätsel nicht, es gäbe nicht so viel Leid in den Reihen der Menschen, wenn Ihr Euch mit uns verbinden würdet, wir würden Euch so vieles offenbaren, damit ihr es leichter habt. Wir alle, das gesamte Naturreich, möchte mit Euch kooperieren. Ihr seid ja ein Teil des Natur-reiches, wie wir auch! Das muss mal wieder in Eure Köpfe rein.

In Eurem Herzen habt ihr dieses Wissen ja. Dort ist ganz allgemein alles Wissen für Euch, das für Euer Leben/Überleben hier von Bedeutung ist.

Niemand sagt Euch das, vor allem nicht hier in der westlichen Welt. Hier haben sich alle in ihren Köpfen verloren.

Geht in Euer Herz. Entlarvt diesen Verstand. Wisst, was der Unterschied ist. Erkennt diesen gravierenden Unterschied zwischen Kopf und Herz. Die beiden bedingen einander.

Im Herzen sind die Urbilder Eurer Seele beheimatet, dort ist Euer heiliges Zentrum, von dem aus Ihr agieren könnt, ein Leben in Frieden führen könnt, mit allem Leben hier.

Ihr müsst den Unterschied kennen zwischen Kopf und Herz. Zwischen Denken und Fühlen. Es ist beides gut/richtig, aber dieses Übergewicht auf der einen Seite ist gefährlich. Ihr *spürt* so nicht mehr, im wahrsten Sinne des Wortes. Ihr handelt, ohne zu wissen, welche größeren Auswirkungen Eure Handlungen haben. Ihr seht „nur" die Auswirkungen, die Euer Kopf, Euer Denken, Euer Verstandesdenken ermessen kann, aber das ist reichlich wenig. Es ist extrem begrenzt – Ihr habt so den Weitblick nicht, deshalb treffen Euch so viele Auswirkungen Eurer getätigten Handlungen wie ein Fausthieb ins Gesicht.

Das könnt Ihr Euch alles ersparen, wenn

Ihr aus Eurem Herzen heraus handelt. Dort sind die Urbilder Eurer Seele beheimatet, dort erkennt Ihr Euren Daseinssinn, dort erkennt Ihr, was Ihr eigentlich vorhabt - das Wesen, das Ihr seid.

Arbeitet mit Euch selbst im Einklang und lasst Euch nicht blindlinks vom Außen leiten- von Menschen, die sich in ihren Köpfen verloren haben und der Welt immensen Schaden zufügen und aller Kreatur.

Messt Eure Handlungen immer mit dem Maßstab Eures Herzens, dann kann nichts schief gehen. Die Auswirkungen sind dann immer in Übereinstimmung/im Einklang mit allem Leben.

So könnt Ihr handeln, wenn Ihr das nun wisst. Wendet dieses Wissen an, sonst ist es zwecklos/sinnlos. Ihr habt alles, was Ihr braucht in Euch, um ein sinnvolles Leben zu führen. Alles. Haltet Augen und Ohren offen, damit Euch das Leben zu Eurem Herzen zurückführen kann. Es leitet Euch, wenn ihr Euch leiten lasst.

Botschaft
eines Reihers

„Die Liebe im Herzen der Menschen"

Die Liebe in den Herzen der Menschen – wir können sie sehen. Sie ist eingesperrt, eingepfercht, isoliert von ihrem Leben. Sie darf nicht an die Oberfläche kommen. Dann könnten die Menschen vieles nicht mehr so kontrollieren, wie sie das so üblicherweise tun.

Sie würde alles fortschwemmen, was nicht in das Leben der Menschen gehört, sie würde Dämme zum Einstürzen bringen, damit die Liebe wieder fließen kann, das Leben wieder fließen kann, die Freude, der Frieden, die Hoffnung - alles Schöne, das Ihr Euch nur vorstellen könnt und noch viel mehr.

Wir sehen die Liebe in Euren Herzen – sie vegetiert dahin, sie will sich verströmen, sie will Fuß fassen im Leben der Menschen. Dort ist momentan kein Platz für sie, denn da müssten die Menschen viele ihrer geschaffenen Strukturen, die ihnen scheinbare Sicherheiten bieten, entfernen, dann würden sie sich aber nicht mehr sicher fühlen, darum lassen sie es gar nicht erst so weit kommen.

Ihr verliert Euch in äußeren, von Menschen gemachten Sicherheitsstrukturen.

Ihr merkt gar nicht, dass Ihr gar nicht lebt. Ihr seid nicht lebendig. Ihr seid nicht fähig, wirklich zu lieben, Euch wirklich wahrhaftig zu freuen, so wie Liebe und Freude gemeint sind – ureigentlich.

Ihr vegetiert dahin und meint, das wäre das wahre Leben und die, die Euch einen Ausweg zeigen möchten aus Eurer Lebensmisere, die straft ihr, die scheltet ihr, die quält ihr, damit ihr Eure „scheinbar" so sicheren Strukturen nicht verlassen müsst. Aber diese Strukturen bieten Euch keine Sicherheit, das seht Ihr immer mehr, wenn Ihr genau hinseht. Wenn Ihr Euch traut. Da muss man sich dann schon vieles eingestehen als Mensch, wenn man einen ganz nüchternen Blick auf dieses Leben wirft, in dem man sich verloren hat - im wahrsten Sinne des Wortes.

Es gibt solche mutigen Menschen, die aus

diesem trostlosen Leben ausgestiegen sind. Es gab sie immer wieder, es gibt sie immer wieder. Es sind Menschen, die mit ihrem Herzen verbunden sind, und somit mit der Quelle allen Seins. Sie sind in sich zu Hause, sie haben SICH gefunden, darum sind sie auch völlig unabhängig von der Meinung der Massen, in der sich noch viel zu viele Menschen verlieren. Aber es wachen immer wieder Menschen auf, immer mehr.

Es wird lichter im Leben von Euch Menschen. Es ist nun so vorgesehen, es wird Euch geholfen. Ihr werdet nun immer mehr erkennen müssen, in was ihr Euch da verrannt habt, aber keine Angst. Das wirkliche Leben steht für Euch bereit. EURES, so wie es ureigentlich gemeint ist.

Botschaft
eines Schwarzspechtes

„Das goldene Zentrum"

Ich freue mich, diese Botschaft geben zu dürfen und Euch das goldene Zentrum in Euch näher bringen zu dürfen. Wir Tiere müssen/dürfen für Euch als Lehrer fungieren, damit ihr wieder auf Euren ureigenen Weg zurückfindet. Schön, dass Ihr uns nun auf diese Art und Weise hören könnt. Es gibt ja sehr wenige Menschen, die so mit sich verbunden sind, so wie wir Tiere es sind und der Rest der Natur es ist. Deshalb hört uns gut zu, spürt diese Wahrheiten, die von uns kommen, es sind Wahrheiten, die Euch im ersten Moment vielleicht befremdlich „erscheinen", sie erscheinen eben nur so. Vielleicht fühlt Ihr Euch bei manchem was wir Euch sagen, bestätigt. Ihr merkt, wie wieder Leben aufkeimt in Euch, Hoffnung und Freude.

Das wollen wir erreichen. Ihr werdet unsere Wahrheiten bestätigt bekommen, wenn Ihr Euch wirklich damit befasst, Euch damit auseinandersetzt.

Wir wollen Euch zurückführen – in Euer goldenes Zentrum. Das „Goldene Zeitalter" ist in allermunde – aber damit es erblühen kann, bedarf es noch einiger Korrekturen,

Wiedererinnerungen der Menschen, die das Zepter des Lebens hier auf diesem Planeten an sich genommen haben.

Die Menschen haben sich in etwas verrannt, das sie nicht sind. Nun dürfen sie wiedererkennen, WER SIE WIRKLICH SIND. Immer mehr, immer deutlicher, immer klarer.

Wir Tiere möchten auch unseren Beitrag dazu leisten, unter anderem mit diesen Botschaften.

Um das Goldene Zeitalter einläuten zu können, müssen die Menschen um ihr goldenes Zentrum im Innersten ihres Wesens wissen.
Das goldene Zentrum in jedem von Euch Menschen, ist mit der Quelle allen Seins/mit Gott verbunden. Ist eins mit

ihr/ihm. Ist untrennbar mit ihr/ihm verbunden. Die Besinnung auf das Goldene Zentrum erschafft Euch Menschen die Möglichkeit, die Dinge zu sehen, wie sie wirklich sind. Das Leben zu sehen, wie es wirklich ist und wie es gemeint ist.

Viele Menschen, die nicht mit dem Leben verbunden waren/sind, erkennen bereits die völlige und absolute Sinnlosigkeit ihres momentanen Lebens hier auf Erden. Es erfüllt sie nicht, es er-freut sie nicht, es tröstet sie nicht, es gibt ihnen keine Kraft. Das ist aus höchster Sicht so nicht vorgesehen. Das haben die Menschen so erwählt, indem sie sich abgeschnitten haben von ihrem Goldenen Zentrum im Innersten ihres Wesens.

Dein Wesen, lieber Mensch, ist verbunden mit der göttlichen Quelle, mit dem Schöpfergott, mit der Uressenz allen Lebens. Wenn Du Dich somit mit Deiner ureigenen Uressenz in deinem Innersten rückverbindest, Dich auf sie besinnst, dann strömen immer mehr Wesensanteile, die Dir zu eigen sind – wahrhaftig – in Dein jetziges Leben ein – so kann es erblühen. Wahrlich.

Botschaft
eines Chamäleons

„Die Liebe in Partnerschaften"

Eure Herzen sind so sehr verschmutzt mit Müll dieser Welt. Dies hat alles nichts mit der Wahrheit zu tun.

Wie könnten dann in Euren Partnerschaften wirkliche Herzensgemeinschaften entstehen?

Jeder Mensch hat es in der Hand, wenn er nun um diese Dinge weiß, die hier genannt wurden, sein Leben gravierend, besser grund-legend, zu verändern – es auf einen neuen Grund zu stellen. Es auf den Ur-grund Eures Herzens aufzubauen - auf den Urgrund Eures Wesens baut Euer Leben auf. Es ersteht dort von alleine, wenn Ihr Euch führen lasst.

Eure Partnerschaften können so erblühen, diese sind momentan so in Mitleidenschaft gezogen von Eurem eigenen Leid in Eurem eigenen Inneren. Wie kann dann wahres Glück mit jemand anderem er-stehen, wenn es im eigenen Inneren nicht ist. Das ist ein Trugschluss dem ganz viele Men-schen so lange bereits erliegen. Sie suchen das Glück immer außerhalb von sich, das geht aber nicht, geliebte Menschen. Es ist in Euch, die Quelle des Glücks.

Ist sie in Euch ent-deckt, dann kann sie nach Außen fließen und den richtigen Menschen in Euer Leben „ziehen", der für Euch bestimmt ist, aus höchster Sicht. Ist das nicht schön? Dazu bedarf es Geduld und Vertrauen dem Leben gegenüber, Euch selber gegenüber, dass dies so geschieht. Etwas haben zu wollen, etwas besitzen zu wollen ... - diese Dinge schließen sich dann aus, wenn die wahre Quelle des Glücks im eigenen Inneren erschlossen ist.

Und alles beginnt ...
mit dem Licht in uns

Es leuchtet in uns, dieses Licht, dieses Friedenslicht. In allen Wesen der Schöpfung, also auch in Dir, lieber Mensch.

Lange Zeit haben die Menschen nun gänzlich ohne diesen Draht zu sich, zu ihrem wahren Wesen, gelebt.

Die Auswirkungen dessen, lassen sich in der Geschichte der Menschheit sehen.

Aber nun ist eine Zeit für Euch Menschen angebrochen, in der ihr Euch wieder leicht an die Quelle allen Seins, an das Licht in Euch, andocken könnt, um Wahrhaftigkeit zu leben. Um in Frieden zu leben, mit allen Wesen, die vom Schöpfer hervorgebracht wurden. Das sind ja nicht nur wir Tiere.

Das gesamte Naturreich, von dem Ihr auch ein Teil seid, ist damit gemeint und noch vieles mehr. Aber das erkennt ihr automatisch wieder, wenn ihr den Kontakt zu Eurem inneren Licht haltet, unentwegt – das ist wichtig.

Das „Licht" in Euch

Die Reise zu Eurem inneren Licht führt durch viele Schatten in Euch. Das ist momentan ganz „normal", das verändert sich dann aber, wenn Ihr mit dem Licht in Euch zu arbeiten beginnt.

Eine Reise zu Eurem inneren Licht – dazu wollen wir Euch anleiten:

Meditation - „Das Licht in Euch"

„Du siehst in Deinem Inneren einen hellen Lichtkern, der alles zu durchstrahlen vermag das Dir im Weg steht, Du selbst zu sein, aber auf eine liebevolle Weise – keine Angst. Alles was geschieht, ist so zum höchsten Wohle für Alle. Habe keine Angst. Diese darfst Du nun loslassen. Wir wollten Dir hier nur mal einen Ausblick darauf geben, wo „Die Reise" hinführt. Zu Deinem Lichtkern in Dir.

Und genau darum geht es, wenn Ihr uns verstehen möchtet und alle anderen, die Umstände in Eurem Leben und natürlich Euch Selbst. Ihr steht an erster Stelle – jeder für sich, steht an erster Stelle, das muss so sein, denn nur aus einem „gesunden" Menschenwesen heraus, kann „Großes", wahrhaft Großes entstehen.

Bist Du bereit dazu?

Dann folge uns zu Deinem inneren Licht-
kern. Später findest Du den Weg alleine
dorthin.

In Deinem Herzen brennt ein Licht, nicht in
Deinem physischen Herzen, sondern in
Deinem Herzzentrum, in der Mitte Deines
Wesens, auf Herzhöhe. Es brennt in Dir,
schon die ganze Zeit, und es ist bereit -
schon so lange - eins zu werden mit Dir,
geliebtes Wesen.

Es ist alles gut, so, wie es nun ist, und Du
hast nun die Möglichkeit, durch Deine Ab-
sicht, in Berührung zu kommen mit Dei-
nem Inneren Licht, mit Deinem Seelen-
licht, das schon so lange auf Dich ge-
wartet hat.

Es ist nun da. Vor Dir. Erkennst Du es?

Erkennst Du es als Dein Seelenlicht an? Als Deinen Seelenkern? Als Deinen Wesenskern? Als das, was Du bist?

Wenn das passiert, dann beginnt es, sich in Dir auszubreiten, Dich und Deine physischen Zellen, zu durchlichten, Schritt für Schritt.

Dein gesamter Körper wird durchlichtet, so, wie es zu Deinem höchsten Wohle ist. So, wie es Dir dienlich ist. Deinem ganzen Wesen, das Du bist, geliebtes Wesen.

Wir können Dich hier anleiten, geliebtes Wesen, weil wir Eins mit uns sind, so wie die Natur es auch ist. Dieses Licht durchflutet Deinen Körper, Deine Umgebung; Alles, was ist.

Und so, kann Frieden sein auf der Erde, denn Dein Licht ist göttlich, wie auch das unsere. Verstehst Du?

Frieden breitet sich aus, auf allen Ebenen Deines Seins, auf allen, und es fließt in Deine Umgebung ein – Dein Friedenslicht, Dein göttliches Licht, das Du bist. Gänzlich.

Dein Licht in Dir erstrahlt umso heller, je öfter Du es in Dein Leben integrierst. Solange, bis Du es vollends bist; ein gött-lich(t)es Wesen, hier auf Erden."

Die Liebe fließt so in Euer Leben, geliebte Menschen und erhellt es, zum höchsten Wohle Aller – das dürft Ihr nie vergessen.

Je öfter Ihr das Licht in Euch aufsucht, umso heller wird es in Eurem Leben; Ihr werdet es „sehen".

Euer Leben wird erstrahlen, in einem ganz hellen Licht, alles ist dann „klar" für Euch, wenn ihr Euch darauf einlasst – immer wieder.

Es braucht Eure Bereitschaft, dann kann es in Eurem Leben wirksam werden – wirken. Nur dann.
Und diese Bereitschaft braucht es immer wieder, solange, bis Ihr vollends in Eurem Leben angekommen seid.

Das wisst ihr dann ☺.

Über die Autorin

Mein Name ist Dagmar Lanscha. Ich bin im Jänner 1980 in Mistelbach (Niederösterreich) geboren.

Ich arbeite seit dem Jahr 2000 im Bereich Heilarbeit. Meine Arbeit mit Tierkommunikation - das Sprechen mit Tieren auf Seelenebene - begann im Jahr 2004.

Mein Leben erfuhr seither in jeder Hinsicht eine große Bereicherung. Durch die vielen Lebensweisheiten, die ich von den Tieren erhalten habe, ist mein Leben sehr viel klarer, liebevoller, freudvoller und lebendiger geworden.

Ich bin den Tieren aus tiefstem Herzen dankbar für Ihre Offenbarungen, die bereits so viel Licht in mein Leben und das vieler Menschen gebracht haben.

Im Jahr 2013 erschien mein erstes Buch *„Botschaften des Friedens – von den Tieren dieser Welt"* im Ch. Falk Verlag mit vielen Botschaften – hauptsächlich von Haustieren – an die Menschen.

Mehr Informationen zu meiner Arbeit finden Sie auf meiner Homepage:

www.DagmarLanscha.com

Buch-Empfehlung

Dagmar Lanscha

„BOTSCHAFTEN DES FRIEDENS – VON DEN TIEREN DIESER WELT"

erschienen im Ch. Falk Verlag

ISBN: 978-3-89568-243-8
Pb. / 111 S. / farbig
€ 18,90 / A 19,50 / SFr 34,00

.